FELICIDADE em poucas PALAVRAS

À minha mulher, Julie:
obrigado pela idéia deste livro e
pela organização e edição do original.

layout e design: Seashell Publishers
tradução: Marilena Moraes
preparo de originais: Valéria Inez Prest
revisão: Ana Grillo, Sérgio Bellinello Soares e Sheila Til
diagramação: Marcia Raed
adaptação de capa: Marcia Raed
pré-impressão: ô de casa
impressão e acabamento: Geográfica e Editora Ltda.

CIP-BRASIL. CATALOGAÇÃO-NA-FONTE
SINDICATO NACIONAL DOS EDITORES DE LIVROS, RJ

M388f Matthews, Andrew
Felicidade em poucas palavras / Andrew Matthews [tradução de Marilena Moraes]. – Rio de Janeiro: Sextante, 2008.
il.

Tradução de: Happiness in a nutshell
ISBN 978-85-7542-420-9

1. Felicidade. I. Título.

08-3126 CDD: 170
CDU: 17.023.34

GMT Editores Ltda.
Rua Voluntários da Pátria, 45/1.404 – Botafogo
22270-000 – Rio de Janeiro – RJ
Tel.: (21) 2286-9944 – Fax: (21) 2286-9244
E-mail: atendimento@esextante.com.br
http://www.sextante.com.br

FELICIDADE em poucas PALAVRAS

escrito e ilustrado por

ANDREW MATTHEWS

autor de *Siga seu coração*

SEXTANTE

HONOLULU
CONTA
A PAGAR
CONTA

Em geral, o melhor lugar
para começar de novo é exatamente
aquele em que você está.

Antes de mudar de endereço,
veja se não é melhor modificar
seu jeito de pensar.

Quando você muda, sua vida
se transforma. Isso é lei.

Todos nós fracassamos.

Mas o que dói não são as derrotas.
O que dói é saber que não
fizemos o melhor possível.

Tenha disciplina para fazer
as pequenas coisas de que não gosta –
e poderá passar toda a vida fazendo
as grandes coisas de que realmente gosta.

FELIZ? NÃO TENHO TEMPO PARA SER FELIZ!
ANDREW MATTHEWS

As pessoas felizes aceitam
as mudanças. Mais do que isso:
elas as aceitam de coração.

São aquelas que dizem:
"Por que os próximos cinco anos têm
que ser iguais aos cinco últimos?"

Quando se apega demais a objetos,
pessoas, dinheiro...
você estraga tudo!

O desafio da vida é apreciar
todas as coisas sem
se apegar a nada.

ANDREW MATTHEWS

Sobre dar conselhos:
Se as pessoas não estão pedindo orientação a você, é porque não estão interessadas em ouvir sua opinião.

A primeira lei da expansão é "ordem".
Para que uma coisa cresça,
ela precisa de um sistema.

Observe uma flor, corte uma laranja,
confira a simetria de uma árvore
ou de uma colméia.

Você verá que há disciplina.

A natureza conserva o que é essencial
e se livra do que é inútil.
Isso se chama organização.

O que nos motiva é *fazer* as coisas,
e não apenas pensar a respeito delas.

Da próxima vez que estiver aborrecido, note que você se chateia mais com seus próprios pensamentos a respeito das pessoas do que exatamente com elas.

Se um pensamento estiver lhe causando dor, lembre-se de que se trata de um mero pensamento. E pensamentos podem ser mudados.
A felicidade é uma escolha diária.

ANDREW MATTHEWS

Quanto mais emoção você envolver em seu relacionamento com as coisas, menos controle terá sobre elas.

A maioria das pessoas é muito emocional em relação ao dinheiro – por isso elas acabam perdendo o controle.

Buscar a realização de um sonho não é garantia de um caminho sem dificuldades.

A vida costuma nos trazer um número
cada vez maior de desafios.
Assim partimos em uma viagem externa,
que dá início a uma jornada interna.

É quando temos a chance de florescer
– para descobrir quem somos de verdade.

De onde surgiu a idéia de que,
quando não perdoamos as pessoas,
são *elas* que sofrem?

Para que o mundo trate você bem,
faça isso primeiro.

Como poderá se sentir "o máximo"
se sua roupa de baixo estiver furada?

Os “acontecimentos infelizes” não são exatamente calamidades em sua vida, mas situações que requerem uma mudança de pensamento da sua parte.

A maioria de nós aprende as coisas "de fora para dentro".

Assimilamos o seguinte: "Se você não gosta do seu trabalho, mude. Se não gosta de seu marido (ou de sua mulher), mude."

Às vezes, o certo é trocarmos de trabalho ou de companheiro(a). Mas, quando não nos modificamos também, estamos sujeitos a encarar novamente o mesmo tipo de problema.

Quando nos perdoamos,
paramos de criticar os outros.

Estamos sempre atraindo as experiências de aprendizado de que precisamos, por isso é comum atrairmos aquilo que nos amedronta.

Se você tem medo da solidão, é isso que atrairá. Se teme o constrangimento, cairá de cara no chão.

É assim que a vida nos estimula a crescer. A única maneira de derrotar o medo é enfrentá-lo.

Quando o corpo dói, ele está dizendo
para você descansar, talvez trocar
os sapatos ou procurar um novo caminho.

Quando a mente dói, ela está
orientando você a parar de se preocupar,
a ser mais generoso ou a modificar
sua maneira de pensar.

A dor não está contra você.
Ela é sua amiga, acredite!

SE EU SOUBESSE
QUE O DIA DE HOJE
SERIA TÃO RUIM,
TERIA FICADO CONTENTE
ONTEM!
ANDREW MATTHEWS

Ter coragem não significa não
sentir medo, mas agir apesar dele.

As pessoas que deixam a vida passar
em branco têm tanto medo quanto
as que correm grandes riscos.

A diferença é que o primeiro grupo
teme até as pequenas coisas.

Por que não ter medo do que
realmente assusta?

Se formos francos em relação
a nós mesmos, podemos fazer uma lista
de tudo o que já nos aconteceu e ver
como ajudamos a criar essas situações.

Comece no ponto em que puder.

Faça o melhor para alcançar o que está à sua frente. As oportunidades começarão a chegar até você.

Isso significa criar uma reputação.

As pessoas mais felizes não ficam se preocupando se a vida é justa ou não. Elas simplesmente seguem em frente.

Se você deseja paz de espírito,
pare de rotular tudo o que acontece
de "bom" ou "ruim".

MATTHEWS

Se você pensa que o mundo
está contra você, está mesmo.
Não adianta culpar os outros.

Quando lutamos contra a vida,
ela sempre ganha.

O Universo nos dá leves cutucadas
o tempo todo. Se não percebemos,
ele nos dá uma martelada na cabeça.

O crescimento é mais doloroso
quando resistimos a ele.

ANDREW MATTHEWS

Se há algo que você não deseja
que aconteça em sua vida, pare
de se preocupar com esse assunto
e também de falar sobre ele.

Esse tipo de energia alimenta
o que você não quer.
Pare de enviar energia e isso
provavelmente desaparecerá.

Sua missão na vida não
é viver sem problemas,
e sim estar sempre motivado.

Aquilo em que você se
concentra se expande.
Portanto, pense no que você quer.

As pessoas ricas tornam-se mais ricas porque não se apegam às coisas.

Elas não se preocupam muito nem se desesperam.

Há uma grande diferença entre a atitude de uma pessoa pobre – querendo ter alguma coisa – e a de um indivíduo rico – acreditando que vai conseguir.

NÓS SABEMOS QUE O ASSUNTO É SÉRIO...
ANDREW MATTHEWS

Para ver as coisas de um modo diferente, você não precisa de força de vontade, de autoconfiança nem de uma cirurgia no cérebro. Basta ter coragem de pensar de outra forma.

Suas crenças determinam sua qualidade de vida.

Seu saldo bancário não
é a medida da sua riqueza.

Riqueza é o que está circulando
na sua vida.

MATTHEWS

A vida só corre bem quando
você se responsabiliza
por suas escolhas.

Seguir sua vocação
está no topo da lista.

A natureza procura o equilíbrio, e ninguém pode estar equilibrado se estiver em desespero.

A vida não tem que ser uma luta sem fim. Deixe que as coisas sigam seu curso.

O Universo não tem favoritos.
O sucesso e a alegria dependem
de leis e princípios naturais – e de
como você os usa.

Todo fato tem o potencial
de nos transformar – e os
acontecimentos infelizes têm
o potencial de mudar
nossa maneira de pensar.

MATTHEWS

A vida acontece em ondas.
Isso significa que crises familiares, convites de casamento e consertos no carro costumam surgir ao mesmo tempo.

Quando você conseguir passar um mês sem contas penduradas, pense: "Vou guardar um pouco para a próxima onda."

Quando for apanhado pela onda seguinte, pense: "Isso vai passar."

Não estamos aqui
para ser punidos.

Estamos aqui
para aprender.

Simplifique a vida.
Pare de fazer coisas apenas pelo hábito. Elimine um pouco do lixo da sua rotina para ter uma visão melhor do caminho.

ANDREW MATTHEWS

Sua vida reflete exatamente
suas crenças.

Quando você muda suas
convicções mais profundas
a respeito do mundo,
sua vida muda na mesma proporção.

Quando decidimos fazer
alguma coisa, os meios
para isso aparecem.
Podemos chamar esse tipo
de oportunidade de coincidência.
Mas, se observarmos bem,
veremos que é mais do que coincidência
– acontece o tempo todo.

Para ter sucesso, não é
necessário ser um gênio,
e sim ter um bom plano.

A maioria das pessoas desiste.

Comece cada dia com a intenção
de ter equilíbrio e calma.

Em alguns dias, você conseguirá
se manter assim até a hora de dormir.
Em outros, o equilíbrio e a calma
só vão durar até o café da manhã.

Se a paz de espírito se tornar
seu objetivo diário, você vai
melhorar cada vez mais.

Sua missão na vida não
é mudar o mundo, e sim
modificar a si mesmo.

Não há soluções "externas".
Elas estão todas dentro de nós.

Não é para impressionar
os outros que você faz
o melhor possível.

Você age assim porque
essa é a única maneira de ter
prazer com seu trabalho.

"Levante-se daí e faça alguma coisa!"

A alegria está em trabalhar naquilo
de que você gosta e se esforçar por
vontade própria, e não porque é obrigado.

Qualquer que seja seu trabalho,
ele lhe dá um meio de se
ligar às pessoas.

João diz: "Penso assim porque minha vida é uma bagunça." Não, João, sua vida é uma bagunça porque você pensa assim!

LIÇÃO 1
DÍVIDAS PARA INICIANTES
LIÇÃO 2
DÍVIDAS PREOCUPANTES
LIÇÃO 3
POBREZA I E II
LIÇÃO 4
DÍVIDAS PESADAS
LIÇÃO 5
POBREZA (PH.D.)
ANDREW MATTHEWS

Estamos aqui para aprender,
e o mundo é o nosso professor.

Quando não somos capazes de aprender
uma lição, temos que repeti-la
quantas vezes forem necessárias.

Só então podemos passar
para a lição seguinte.

(E as lições nunca terminam.)

Deus nunca vai descer
de uma nuvem e dizer:
"Agora você tem permissão
para ter sucesso."

É você quem tem que
se dar essa permissão.

A pergunta é:
"O que você está fazendo
com o que tem?"

Enquanto a resposta for "pouco",
nada vai melhorar.

O Universo recompensa esforços,
e não desculpas.

A lei da semente:
esforço + paciência = resultados.
A colheita vem depois
do trabalho.

Fazer aquilo que adoramos não
é a receita para uma vida mais fácil.

É a receita para uma
vida interessante.

ANDREW MATTHEWS

Se você não sabe o que
gosta de fazer, talvez tenha parado
de ouvir a si mesmo há muito tempo.

Muitas pessoas se modificam
apenas para agradar aos outros.

Quando sua vida estiver às mil maravilhas e aquela vozinha disser "Isso não vai durar!", pense: "Quem sabe não vai ficar ainda melhor?"

A vida á assim...

Somos atingidos por pedrinhas
– é uma espécie de aviso.

Quando ignoramos as pedrinhas,
somos feridos por um tijolo.
Se não damos importância ao tijolo,
somos abatidos por uma rocha.

Na verdade, sabemos identificar
em que ponto desprezamos
os sinais de alerta.
Ainda assim, temos a audácia
de perguntar: "Por que eu?"

O que garante a paz de espírito
não é termos menos problemas,
e sim nos tornarmos menos críticos.

Amar é dar às pessoas a liberdade
de escolher quem desejam ser
e onde querem estar.

Amar é deixar que elas façam
parte da nossa vida por vontade própria.

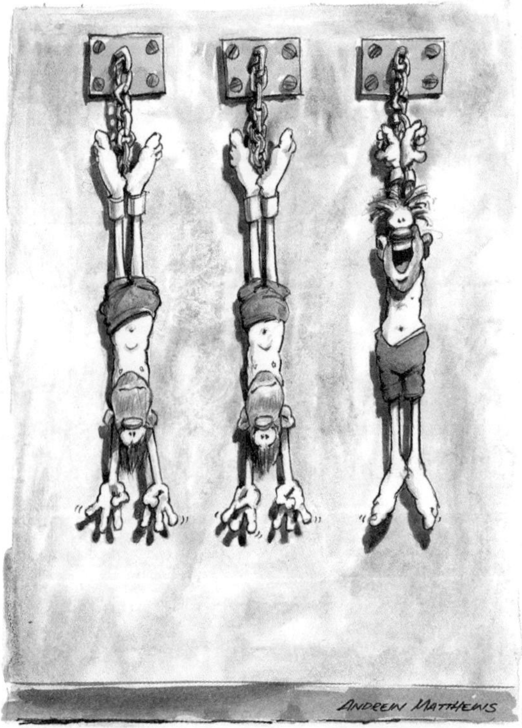

"Às vezes me pergunto por que tenho mais sorte do que os outros."

Em que momento você tomou as decisões
mais importantes da sua vida?
Quando estava se sentindo derrotado:
depois de problemas sérios,
depois de grandes decepções,
depois de terem arrasado você.
É nessas horas que pensamos: "Estou
cansado de estar na pior, não agüento
mais ser massacrado. Chega de me sentir
um lixo, vou fazer alguma coisa."

É quando estamos por baixo que
aprendemos as mais importantes lições.

Para conseguir – e manter – algo
na vida, seja um trabalho,
seja um relacionamento,
é preciso estar à vontade com isso.

Para ganhar dinheiro – e conservá-lo
– vale a mesma regra!

Para encontrar o que deseja, procure.

Se você perdeu o rumo na vida,
não é se embriagando numa mesa de bar
que vai descobrir um novo caminho.

Faça uma pausa – dê a si mesmo tempo
e espaço para ver o que é realmente
importante para você.

MESTRE, EXISTE ALGUMA COISA MELHOR NA VIDA DO QUE TER UM MERCEDES ESPORTE?
CLARO. TER UMA FERRARI!
MATTHEWS.

Aja como se todo fato tivesse uma finalidade – e sua vida terá um propósito.

Entenda por que você precisou passar por uma experiência. Domine-a – e não precisará vivê-la novamente.

No fim das contas, você só pode depender do guia que está dentro de você, isto é, do seu coração.

CONHEÇA OUTROS TÍTULOS DO AUTOR

SIGA SEU CORAÇÃO

Se você quer mudar sua atitude diante da vida e se libertar das armadilhas do cotidiano, esse é o livro certo. *Siga seu coração* ensina que é preciso ter entusiasmo pelo que se faz e uma vida plena de sentido e paixão para alcançar a felicidade.

FELICIDADE AQUI E AGORA

O autor mostra que a principal estratégia das pessoas felizes e eficientes é a atitude positiva diante da vida. Esse livro vai fazer você sorrir, refletir e aumentar o seu entusiasmo pela vida.

INFORMAÇÕES SOBRE OS PRÓXIMOS LANÇAMENTOS

Para receber informações sobre os lançamentos da
EDITORA SEXTANTE, basta cadastrar-se diretamente no site
www.sextante.com.br

Para saber mais sobre nossos títulos e autores, e enviar seus
comentários sobre este livro, visite o nosso site www.sextante.com.br
ou mande um e-mail para atendimento@esextante.com.br

EDITORA SEXTANTE
Rua Voluntários da Pátria, 45/1.404 – Botafogo
Rio de Janeiro – RJ – 22270-000 – Brasil
Telefone (21) 2286-9944 – Fax (21) 2286-9244
E-mail: atendimento@esextante.com.br